AF175419

Wahre Liebe beginnt
irgendwann

...um niemals zu enden.

Das Paradies ist blau

...wenn wir lieben

Bibliografische Information der Deutschen
Nationalbibliothek .
Die Deutsche Nationalbibliothek verzeichnet diese
Publikation in der Deutschen Nationalbibliografie;
detaillierte bibliografische Daten sind im Internet über
http://dnb.d-nb.de abrufbar.

Impressum

Herstellung und Verlag:

BoD- Books on Demand, Norderstedt

ISBN- 978 375 280 2689

Liebe Leserinnen und Leser,
fast jede oder jeder von uns hat sein kleines Paradies. Einen Ort, wo das Herz und die Seele zu Hause ist.
Für den einen ist es der blaue, wolkenlose Himmel, der nahezu unbegrenzte Blick in die Ferne über die Weiten des Meeres, das leise plätschern der Wellen oder der warme Sand, der durch die Finger rieselt.
Andere wiederum erklimmen die Berge, um dem blauen Himmel ganz nah zu sein und schauen von oben in das kristallklare Wasser eines Bergsee, dessen Anblick sie verzaubert und zum Verweilen einlädt.

Jeder hat sein kleines Paradies, seine Oase der Geborgenheit in der man sein eigenes Herz laut pochen hört.

Doch, mit dem blauen Paradies ist nicht nur die wunderschöne Natur um uns herum gemeint, sondern die Liebe, die uns mit einem Menschen verbindet.

Einer Frau, einem Mann.......

Fühlen wir uns nicht auch wie im Paradies wenn wir lieben?

Wenn an Regentagen die Sonne für uns scheint, kein Sturm uns mehr schaden kann, wenn wir gehalten werden, Geborgenheit und Nähe spüren, die Wärme des anderen, die uns nie mehr frieren lässt.....

Ich könnte es beliebig fortsetzen, es gibt so vieles..., das Vertrauen in einen geliebten Menschen.
Alle diese Dinge lassen uns ein Stück vom Paradies spüren; von einem wunderschönen, blauen Paradies.
Wir sind glücklich!

Doch, so wie der blaue Himmel nicht immer blau ist, das Meer seine Farbe wechselt, der Sand kalt und nass sein kann, man auf dem Gipfel der Berge keinen freien Blick in den Himmel hat, da dunkle Wolken über uns sind und unten im Bergsee sich das Dunkel widerspiegelt, genau so können Veränderungen unser blaues Paradies ereilen.

Unsere Liebe erschüttern......

Es beginnt eine schwere Zeit der Prüfungen, aber, wenn wir wirklich lieben, dann reifen wir an den uns gestellten Aufgaben und verzagen nicht.

So, wie Tag und Nacht, hell und dunkel sich abwechseln, so sind auch für uns nicht alle Tage gleich.

Doch, wenn wir unsere Liebe zu dem anderen nie in Frage stellen, nie beginnen daran zu zweifeln, dann ist für jeden von uns das Paradies blau...weil wir lieben.

Gedichte

Geschichten

und

Bilder

aus unserem
alltäglichen
blauen Paradies

Der Gesang der Nachtigall

Sommerwind,
mild ist die Nacht
die Nachtigall,
aus dem Schlaf erwacht

Ihr Lied sie singt
zwischen Blättern und Zweigen
der Wind spielt dazu
auf unzähligen Geigen

Eine Sinfonie
in des Baumes Wipfel
trägt meine Seele
zu den höchsten Gipfeln

Ich schwebe ganz leicht
über Berg und Tal
denk nicht daran
was war einmal

Ich bin so glücklich
denn wenn ich bedenk'
das Lied der Nachtigall
ein göttlich Geschenk

Für mich ganz allein
ihr Gesang erklingt
sie weiß es genau
womit sie mein Herz gewinnt

Eine Nachtigall
hoch oben im Baum
sie singt so lieblich
oder ist es ein Traum

Ich öffne das Fenster
sie schaut mich an
mit einem Blick
der mir sagt
ich liebe dich

Ich singe mein Lied
für dich ganz allein
in den grünen Blättern
vor deinem Heim.

Morgenröte, Tau der Nacht,
ein Vöglein aus dem Schlaf erwacht,
es zwitschert früh, ein fröhlich Lied,
hat stets im Blick, was so geschieht.

Das Vöglein klein, es fliegt dahin,
getragen von des Atem Wind,
von ganz hoch oben, den Wolken nah,
so fliegt es über Berg und Tal.

Frei wie ein Vogel und doch allein,
wo ist sein Nest, wo ist es daheim,
weit über das Meer, ein Nest so klein,
hier, kleines Vöglein, bist du daheim.

...eines Tages werde ich fliegen

Sommernächte
roter Wein
Grillen zirpen
im Mondenschein

Träumen vom Meer
von vergangener Zeit
das Meer ist fern
so unendlich weit

Den Duft von Jasmin
vergesse ich nie
den Mond
der so nah mir schien

Ich wollte ihn berühren
streckte meine Hand nach ihm aus
doch er wich zurück
und löschte das Licht der Sterne aus

Allein war ich
in dunkler Nacht
nochmals entzünden
den verlorenen Traum
ich schaffe es nicht
dazu fehlt mir die Kraft

In meinem Herzen
ganz tief und klein
befindet sich ein Kämmerlein
darin will ich bewahren
was einst ich geliebt

alles, was es für mich nicht mehr
gibt......

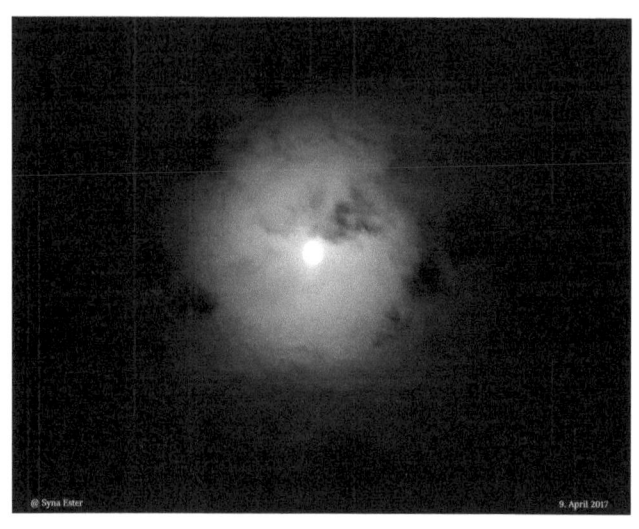

@ Syna Ester   9. April 2017

Schatten der Vergangenheit

Schwer sank sein Kopf auf die Tischplatte in der kleinen Bar. Er bemerkte es nicht einmal, dass dabei ein Glas zu Boden fiel. Die Müdigkeit hatte von ihm Besitz ergriffen. Eine bleierne Müdigkeit die tief auf seiner Seele lag. Er wollte nur schlafen und vergessen.

Ein leises schnarchen ließ Maria aufschauen von ihrer Arbeit. Ein Lächeln huschte über ihr Gesicht als sie sah, dass es wieder einmal Antonio war, der dort drüben am Tisch eingeschlafen war. Sie mochte ihn, ihren allabendlichen Gast. Er sprach nicht viel, aber in seinen Augen hatte sie diese tiefe, unendliche Traurigkeit gesehen.

Schlafe mein Freund, dachte sie bei sich und wandte sich wieder ihrer Arbeit zu.

Antonio bewegte einmal kurz seinen Kopf um gleich darauf wieder in seinen Träumen zu versinken.

Seine Gedanken kreisten immer und immer wieder um Vergangenes. Zeiten des Glücks, aber auch Zeiten des Kummers und der Tränen. Jetzt, wo er allein war, nahmen die dunklen Gedanken an vergangene Zeiten überhand. Sie zerrissen ihm das Herz und obwohl er schlief, liefen Tränen aus seinen geschlossenen Augen. Er dachte an die Mutter, die ihm ihre ganze Liebe geschenkt hatte und spürte ihre warme Hand, die ihm sanft über den Kopf strich. Ach Mutter, wenn ich dich doch nur einmal noch in meine Arme nehmen könnte und dir sagen könnte, wie sehr ich dich liebe und vermisse.

Ein lautes Schluchzen drang an Marias Ohr und sie ging zu Antonio. Sie berührte seinen Arm und rief seinen Namen, aber Antonio schlief weiter. Vater, wo bist du, rief er in seinem Traum, aber er rief vergebens. Nie wieder würde sein Vater an seiner Seite stehen und ihn

die Dinge des Lebens lehren oder von der Vergangenheit erzählen. Einer Vergangenheit, die keine Kindheit zuließ, die von Arbeit und dem Kampf um das Überleben geprägt war. Eine heiße Woge der Liebe und des Schmerzes durchströmte Antonio.

Wie dankbar war er, dass sein Vater trotz allem Leid, das ihm widerfuhr, ihm ein guter Vater gewesen ist. Im Traum küsste er die Hand des Vaters und atmete seinen Atem.

Der Arm glitt ihm vom Tisch und Antonio erwachte. Mit bleiernen Schritten ging er zu Maria um sein Glas Wein zu bezahlen. Dann ging er hinaus in die sternenklare Nacht. Sein Kopf war schwer, nicht von dem einen Glas Wein, nein, von den Gedanken die ihn nicht los ließen und ihm jeden Tag und jede Nacht auf das Neue sein Herz schwer machten.

Niemand sah seine Tränen....Antonio war allein.

Manchmal geschehen Wunder...

Eng umschlungen standen sie am Fenster und blickten in den sternenklaren Nachthimmel. Kein Laut war zu hören. Ab und an unterbrach ein leises seufzen der Frau die Stille. Der Mann streichelte ihr zärtlich über das Haar denn er kannte den Grund für das seufzen seiner Frau. Seit vielen Jahren wünschten sie sich sehnlichst ein Baby, doch ihr Wunsch hatte sich bis jetzt nicht erfüllt. Wir müssen Geduld haben haben sagte der Mann zu seiner Frau; irgendwann wird sich unser Wunsch erfüllen.

Wie jeden Abend stellten sie eine brennende Kerze auf die Fensterbank. Dann schauten noch einmal zum Himmel empor und ließen das Fenster einen kleinen Spalt offen bevor sie sich zu Bett legten.

Doch, was war los, dort droben am Himmelszelt?

Winzige kleine Menschlein tanzten und sangen fröhlich auf den Wolken; sie waren voller Übermut. Einmal rechts herum und einmal links herum drehten sie sich im Kreise. Sie fasten sich an den Händen und hüpften und sprangen. Ihr lieblicher Gesang war eine Freude und Petrus, der auf das lustige Treiben sein wohlwollendes Auge hatte, ließ sie gewähren.

Alle wussten, dass heute Nacht eine besondere Nacht war. Eine Nacht, die mit beginn der aufgehenden Sonne und ihren ersten Strahlen Wünsche und Hoffnungen erfüllte.

Langsam neigte sich die Nacht dem

Ende und Petrus mahnte die muntere Kinderschar zur Ruhe. Die winzigen Mädchen und Jungen scharten sich um Petrus herum und warteten gespannt darauf, was er ihnen zu sagen hatte. Jedes dieser kleinen Menschlein hoffte, dass er ihren Namen nannte und sie auf die große, lange Reise schickte.
Eine Reise ins Glück!
Lange hatte Petrus sich die Kleinen angeschaut, als er plötzlich sagte:
Du, kleine Anna, wirst heute auf die lange Reise gehen. Ich denke, es ist die richtige Entscheidung, denn du wirst schon seit langem sehnsüchtig erwartet.
Annas winziges Herzchen hüpfte vor Freude und sie ging mit zaghaften Schritten zu Petrus. Dieser nahm sie an die Hand und ging mit ihr an den Rand der Wolke.

Pass gut auf sagte Petrus zu ihr, wenn der erste Sonnenstrahl am Himmel erscheint werde ich dich darauf setzen und du wirst auf ihm bis an dein Ziel rutschen. Was du dann zu tun hast, das weißt du ja bereits.

Anna versprach alles so zu machen, wie Petrus es sie und die anderen kleinen Menschlein gelehrt hatte.

Da, der erste Sonnenstrahl erhellte das Firmament.

Petrus hob die kleine Anna auf seinen Arm, sagte ihr lebe wohl und setzte sie auf den Sonnenstrahl.

Anna blieb ganz ruhig sitzen und fühlte sich sicher und geborgen in der wohligen Wärme.

Du bist angekommen sagte eine leise Stimme zu ihr; geh' nun und erfülle deine Aufgabe.

Anna machte sich auf den Weg. Alles um sie herum war noch dunkel bis auf den einen Sonnenstrahl der ihr den Weg leuchtete. Suche das Licht, sagte die leise Stimme zu ihr.......

Endlich sah Anna in einem Fenster das Licht einer Kerze. Hier muss es sein dachte sie bei sich, hier gehöre ich von nun an hin. Sie krabbelte zum Fenster empor, schlüpfte durch den offenen Spalt und stand in einem schönen Zimmer in dem sich ein großes Bett befand. Zaghaft ging sie näher und sah die beiden Menschen die dort schliefen. Einen Mann und eine Frau. Ihr Herzchen hüpfte abermals vor Freude.....

Das werden von heute an meine Eltern sein dachte die kleine Anna bei sich und krabbelte unter die Bettdecke zu der Frau.

Das ist meine Mama........und sie schlüpfte in den warmen Bauch der Frau.

Am Morgen, als die Frau und der Mann erwachten, schauten sie als erstes zum Fenster.
Die Kerze brannte nicht mehr........

Sie wussten was das bedeutet; ihr Wunsch erfüllte sich letzte Nacht, sie würden bald ein Baby in den Armen halten.
Wunder geschehen manchmal über Nacht und Tränen der Freude und Dankbarkeit liefen über ihre Gesichter.

Manchmal
kommt das Glück geflogen

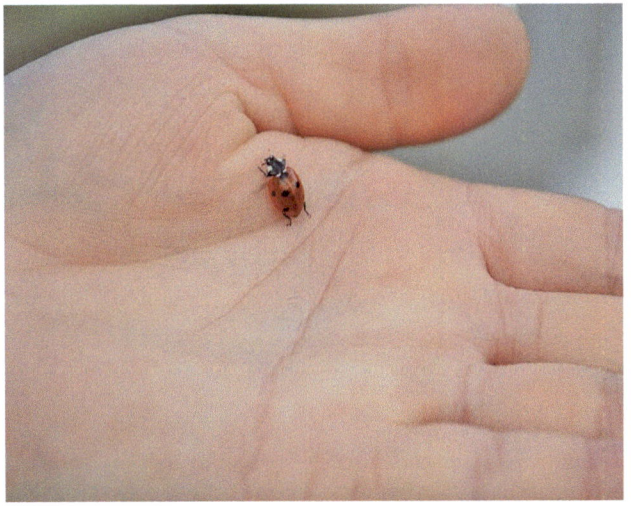

Der Mensch hat die Gabe,

aus jedem Ort ein Paradies zu machen.

Glück

Laufe über Wiesen und freue dich des Lebens,

denn schöneres wird es auf Erden nicht geben;

lausche dem Rauschen der Blätter im Wind,
freue dich des Lebens, gerade so, wie ein Kind.

Hörst du das plätschern der Wellen am Strand,
sie wollen dir sagen, nimm meine Hand;
wir wollen zusammen am Strand entlang laufen,
sind wir dann müde, unter Palmen verschnaufen.

Wir schauen verliebt dann zum Himmelszelt
und freuen uns, das wir beide auf dieser Welt;
was kann es denn sonst noch schöneres geben,
als mit dir, hier unten auf dieser Erde zu leben.

Später, wenn uns beide die Jahre ereilen,
geblieben ist uns nur, der Park zum verweilen;
im Schatten der Bäume steht sie, die kleine Bank,
dort werden wir sitzen und du nimmst meine
Hand.

Wir waren so jung, als wir uns verliebt,
ich bin dankbar, dass es dich heute noch gibt;
wir hatten den Frühling, den Sommer, den Herbst,
ich habe noch viel mehr, denn ich habe dein Herz.

Sanfte Hände

Sanfte Hände Dich zärtlich berühren,
wollen heute, bei Nacht, Dich verführen;
kannst ihnen vertrauen, fürchte Dich nicht,
denn ihr streicheln, zeigt Dir wieder Licht.

Sie heben Dich aus der Dunkelheit,
lassen vergessen, vergangenes Leid;
tragen Dich fort, auf den Wellen des Glücks,
nicht für immer, nur ein ganz kleines Stück.

Drum lass' es geschehen und gib Dich hin,
denn alles im Leben, das hat seinen Sinn;
Du wirst erst erkennen, bist Du wieder allein,
sehnst Dich nach den Händen, um die Du geweint.

Was einmal gegangen, das kehrt nicht zurück,
Du wünscht Dir wieder, vergangenes Glück;
Doch glaube mir, für Dich kommt die Zeit,
dann wirst auch Du nie wieder einsam sein.

Sanfte Hände Dich zärtlich berühren,
wollen heute, bei Nacht, Dich verführen;
nimm sie als Geschenk und sei bereit,
für neue Liebe, nach vergangenem Leid.

.

copyright Syna Ester   15. August 2014

39

Abendlied

Die Vögel zwitschern ihr Abendlied,
still ist es draußen, nichts geschieht;
alles ist friedlich, die Nacht bricht herein,
ach wärst du doch hier, wärst wieder mein.

Die Stimmen der Vögel, erklingen leise,
erzählen von Liebe, auf ihre Weise;
sie erinnern, wie einst es mit uns begann,
an jenen Tag, an dem fing alles an.

Es ist mir, als ob es gestern erst war,
als du mich in deine Arme nahmst;
die Vögel zwitscherten lustig und heiter,
ich dachte, es ginge für immer so weiter.

Von Liebe sie sangen, lange ist es her,
ich höre ihre Stimmen heute nicht mehr;
sie flogen davon, kamen niemals zurück,
mit ihnen verschwand mein einstiges Glück.

Sie kamen nie wieder um heiter zu singen,
nahmen dein Herz mit, auf ihren Schwingen;
nicht einer von ihnen kam jemals zurück,
um mir zu bringen, mein verlorenes Glück.

Kein Vogel zwitschert sein Abendlied,
still ist es draußen, nichts geschieht.

Damals im alten Rom

Wie war es einst damals im alten Rom,
die Sünde, oh ja, die kannten sie schon;
es wurde gesoffen und gefressen,
das Kräftemessen nicht vergessen:

Sie trieben es oft gar zu bunt,
im Kolosseum kugelrund;
über die Via Appia Antika,
kamen sie mit viel Gekicher.

Nur spärlich bekleidet so manch ein Mann,
machte er sich sogleich an die Schönen ran:
mit vollem Mund und fettigen Fingern,
befummelte er die drallen Dinger.

Die Strafe folgte auf dem Fuß,
der Vesuv da kotzen muss;
es brach aus ihm nur so heraus
und aus war's mit dem Irrenhaus.

Doch als er seine Tat vollbracht,
hat man in Rom nur noch gelacht;
der Vulkan, er hatte Napoli getroffen,
die Römer in Rom lustig weiter soffen.

Das letzte Kapitel

Ein großer Tisch sollte es sein an dem
die ganze Familie sitzen konnte.
Familie, das waren Vater, Mutter und
vier Kinder.
Die dampfende Pasta stand auf dem
Tisch und alle unterhielten sich
miteinander. Sie lachten und
scherzten, bekleckerten sich mit der
Tomatensauce und draußen lachte die
Sonne, das Meer rauschte unaufhörlich.
So sollte es sein...davon träumte sie, als
sie noch jung und schön war.
Heute hatte der Herbst Einzug
gehalten. Keiner der Wünsche und
Träume wurde jemals wahr. Die
Schönheit war verblüht und einen
Mann an ihrer Seite gab es nie; nur
kurzfristig, sonst wären ja ihre zwei
Kinder nicht geboren worden.

Ja, diese beiden Kinder wurden zu ihrem Lebensinhalt. Einen Mann an ihrer Seite gab es nicht mehr.

Die Zeiten wurden sehr hart und viele Male haderte sie mit ihrem Schicksal. Aber, da waren die Kinder und so musste es immer weiter gehen. Langsam ließ sie sich auf dem Stuhl am Küchentisch nieder. Das Herz war ihr schwer und sie kämpfte mit den Tränen. Wie klein er ist, der Tisch......

Draußen schien die Sonne, aber immer mehr vergrub sie sich in ihren vier Wänden. Die warmen Strahlen der Sonne erreichten ihr Inneres nicht mehr. Kälte hatte sich dort breit gemacht und machte ihr jeden Tag auf's Neue klar, dass es für sie kein Glück mehr gibt.

Das sie zur Einsamkeit verdammt ist.
Die Tränen rannen ihr über die
Wangen, aber sie bemerkte sie nicht.
Ihre Hand zitterte, als sie nach der
Tasse Kaffee griff, die vor ihr stand.

Vielleicht wäre alles anders gekommen,
wenn sie sich in bestimmten
Situationen anders entschieden
hätte….aber niemand kann aus seiner
Haut heraus und so tat sie, was ihr das
Herz sagte.
Ihr Herz war bei ihren Kindern und
der Großmutter, als diese noch lebte.

Der Großvater kam ihr in den Sinn.
Als sie noch ein Schulkind war, holte er
sie jeden Tag von der Schule ab. Aber,
wie Kinder nun mal so sind. Manchmal
versteckte sie sich hinter den anderen
Kindern,

weil sie auch alleine nach Hause gehen
wollte. Zu Hause angekommen, fragte
die Großmutter…hast du Opa nicht
gesehen? Ich log und sagte –nein–.
Das Bild des Großvaters erschien vor
ihrem Auge. Ein schöner Mann, vom
Wetter gegerbte Haut und mit seinen,
damals fast 80 Jahren, sah er toll aus
Er hatte einen Kaiser-Wilhelm-Bart,
den ich immer stutzen musste und
trug einen Anzug mit Weste an der
eine Taschenuhr befestigt war.
Viele Male hatte sie sich gewünscht,
der Großvater holt sie von der Arbeit
ab, so wie früher, als sie noch ein Kind
war. Aber niemand wartete auf sie, als
die Kinder aus dem Haus waren.

So vergingen die Jahre und schreiben
nun das letzte Kapitel…… Einsamkeit !

Kleine Lerche,
bald singst du wieder
so süß und so rein
gleich zarten Glöckchen
im grünen Hain.

Ein weißes Boot
auf dem blauen Meer
es zieht in die Ferne;
im dunkel der Nacht'
unter goldenen Sternen.

Der Wind,
er treibt es voran,
dort hin, wo alles begann;
wo Lerchen singen,
so süß und so rein,
Kinder lachen im grünen Hain,
endlich zu Hause,
in meinem Heim.

Ein neuer Frühling,
um glücklich zu sein!

Das Band der Liebe

Ein unsichtbares Band, das niemand trennt,
aus dem Gefühl, das man Liebe nennt;
ein kleiner Faden, gesponnen aus Glück,
von Tag zu Tag länger, ein ganz kleines
Stück.

Unsichtbar, für die Welt um uns zwei,
zerreißt er nicht, wenn auch einmal Leid;
durch jede Prüfung gewinnt er an Stärke,
was ich tief drinnen im Herzen merke.

So soll es bleiben für alle Zeit,
bis in die Ewigkeit, die nicht mehr weit;
ein Band der Liebe, Gleichklang der Herzen,
lässt uns vergessen die irdischen Schmerzen.

In deinen Armen fühle ich mich gut,
für jeden Tag gibst du mir neuen Mut;
in deinen Augen sehe ich das Band,
das uns verbindet, ein Leben lang.

Wenn die Sonne deine Feder führt
und deine Seele sanft berührt
dann gehst du auf die große Reise
durchlebst nochmals auf andere Weise
was lange hat in dir geschlummert
und brachte einstmals großen Kummer
erwacht von Neuem, Stück für Stück
verhindert, dass du träumst vom Glück
Denn wenn der Sonne Feuer brennt
ein jeder auch die Schatten kennt

...sie begleiten dich, ob du willst oder nicht!

Die Musik ist verstummt,
vorbei ist der Tanz,
der Herbst zeigt sich im bunten Gewand;
ein letzter Akkord im Gedächtnis mir blieb,
wollt' er mir sagen...ich hab' dich lieb?

Was mir der Winter einst hat gebracht,
im Sommer wurde zur Blütenpracht;
das nimmt mir der Herbst mit Leichtigkeit,
der Winter bedeckt es mit Schnee und Eis.

Die Musik ist verstummt,
vorbei ist der Tanz.....

Das Paradies ist blau
...wenn wir lieben

Ist es wirklich so?

Hat nicht auch unser Paradies oftmals die
unterschiedlichsten Farben bis hin zum
tiefsten schwarz?
Ist es immer noch ein Paradies, wenn sich
dunkles über uns zusammen braut?
Wir beginnen zu zweifeln.
Woran beginnen wir zu zweifeln? An uns
selbst? An dem geliebten Menschen? An der
gesamten Situation?
Gehen wir gedanklich zurück an die Anfänge.
So weit zurück, als wir anfingen zu lieben.
Du lächelst in deinem Inneren....

Das ist nur möglich, weil du liebst, denn
wahre Liebe überwindet alles und ist in der
Lage, das dunkelste schwarz wieder in ein
paradiesisches Blau zu verwandeln!

Das alte Mütterchen……

Einsam saß das alte Mütterchen am Fenster und blickte hinaus. Viel war heute nicht zu sehen, denn der Herbst hielt Einzug und mit ihm begannen die Tage grau zu werden. Das Laub der Bäume fing an sich zu verfärben und brachte etwas Farbe in den Tag.

So saß sie da und fing an über ihr Leben nachzudenken. Immer tiefer drangen ihre Gedanken in die Vergangenheit. Trübsal machte sich in ihrem Herzen breit, denn eine glückliche Kindheit blieb ihr verwehrt….es kam der Krieg. Bombenhagel, Bunkergänge, Angst und Schrecken jeden Tag.
Erinnerungen, die nie wieder auszulöschen waren und sie das ganze Leben begleitet haben.
Hunger war an der Tagesordnung und dennoch hatte ihre Familie alles getan, um ihr zu geben was sie konnte.

Noch heute, wenn Probealarm ist, kommen alle diese Bilder in ihr hoch und bringen ihr altes Herz zum rasen.

Dennoch hatte sie mehr, als andere Kinder in ihrem Alter hatten. Sie hatte Großeltern, Tante und Onkel, die ihr ihre ganze Liebe gaben; besonders die Großmutter.

Ihre Mutter hatte die Kriegswirren nicht verkraftet und war von der Zeit an krank.

Tränen rannen über ihr faltiges Gesicht und fielen auf ihr blaues Kleid. Ihre alten Hände umklammerten das schneeweiße Taschentuch als suchten sie dort Kraft zu finden für ihre letzten Tage.

Ja, das Ende war absehbar und sie fürchtete sich nicht. War sie doch eines nahen Tages wieder mit ihren Lieben vereint und musste nicht mehr einsam sein.

Es hatte zu regnen angefangen und der Wind peitschte die Tropfen gegen das Fenster. Ihr war, als hätte es an der Tür geklingelt und sie erhob sich mühsam von ihrem Stuhl.

Doch, ihre Wünsche hatten ihr einen Streich gespielt, denn als sie die Tür öffnete, stand niemand dort. Sie haben zu tun, dachte sie bei sich und keine Zeit mich zu besuchen. Es ist eine kalte Zeit geworden; nicht nur, weil der Herbst jetzt gekommen ist.

Früher war das anders. Man saß beieinander und redete über alles. Man begegnete sich mit Respekt und Achtung, aber vor allem mit Liebe; einer Liebe die durch nichts zu ersetzen war.
Das alte Mütterchen ging gebeugt zu ihrem Platz am Fenster und ließ sich traurig auf ihrem Stuhl nieder.

Der Herbst des Lebens erscheint nicht für jeden in den bunten Farben die wir aus der Natur kennen; aber jeder Einzelne von uns kann dazu beitragen, das zu ändern und etwas Farbe in das Leben des alten Mütterchen bringen...und des alten Väterchen.

Sommernächte
roter Wein
Grillen zirpen
im Mondenschein

Träumen vom Meer
von vergangener Zeit
das Meer ist fern
so unendlich weit

Den Duft von Jasmin
vergesse ich nie
den Mond
der so nah mir schien

Ich wollte ihn berühren
streckte meine Hand nach ihm aus
doch er wich zurück
und löschte das Licht der Sterne aus

Allein war ich
in dunkler Nacht
nochmals entzünden
den verlorenen Traum
ich schaffe es nicht
dazu fehlt mir die Kraft

In meinem Herzen
ganz tief und klein
befindet sich ein Kämmerlein
darin will ich bewahren
was einst ich geliebt

(c) Syna Ester

Poesie und Melodie

Wenn die Worte der Poesie wie Musik
erklingen,
auf Flügeln sich hoch zu den Wolken
schwingen;
dann ertönt eine Melodie, ganz zart und
leise,
denn jede Wolke singt sie auf ihre Weise.

Von Wolken getragen, ganz sanft und leicht,
das Wort der Poesie unsere Sinne erreicht;
sie gehen von nun an Hand in Hand
und knüpfen dabei ein goldenes Band.

Als weiße Wolken am Himmelszelt,
vom Wind getrieben rund um die Welt;
so ziehen sie dahin, die Worte der Poesie,
eingebettet in eine sanfte, süße Melodie.

Ein Wellenschlag
..... mehr war es nicht

Deine Worte von damals, so süß und sanft,
mir war so, als nahmst du mich bei der Hand;
ich spürte die Wärme, die du mir gebracht,
zwischen uns, wie eine unsichtbare Macht.

Ich fühlte mich glücklich, nicht mehr allein
und wusste, irgendwann werd' ich bei dir sein;
komm zu mir schriebst du, komm zu mir her,
es waren nur Worte auf dem Papier......

Abschied

Du schaust mich an, erkennst mich nicht,
doch ich, ich vergesse niemals dein Gesicht;
Silberfäden in deinen Haaren,
erzählen Geschichten von vergangenen Jahren.

Wo sind sie geblieben die alten Zeiten,
verschwunden für immer in ewigen Weiten;
nur einmal noch wollte ich dich sehen,
danach werde ich mit den Wolken ziehen.

In deinen Augen, erloschen der Glanz,
tanze mit mir diesen letzten Tanz;
du schaust mich an, erkennst mich nicht,
wie bitter der Abschied...wenn man liebt.

Für immer.......

Wenn Sterne heute Nacht zum Tanze gehen,
sich mit kleinen Engeln im Kreise drehen;
kannst Du sie sehen, ihr goldenes Kleid,
es leuchtet zur Erde, bald ist es so weit.

Das glitzern der Sterne in dunkler Nacht,
erfüllt den Himmel mit Leben und Pracht;
dann sei nicht traurig, bist Du auf Erden allein,
irgendwann reihst Du Dich in den Reigen ein.

Dann kannst Du lachen, tanzen und singen,
wenn Engelsharfen ganz sanft erklingen;
ein Sternlein klein nimmt Dich an die Hand,
Dir ist so, als ob Du es ewig gekannt.

Es lächelt Dir zu, Du hast jetzt erkannt,
ihr beide, ihr seid schon lange verwandt;
nichts geht verloren auf dieser Welt,
es findet sich wieder am Himmelszelt.

Flieg kleiner Vogel

Kleiner Vogel, sing' mir dein Lied,
lass mich wissen, was in der Ferne geschieht;
hast du gesehen den Liebsten mein,
ich wünschte, er könnte jetzt bei mir sein;
flieg kleiner Vogel, weit über das Meer,
sende ihm Grüße, das Herz ist mit schwer,
flieg kleiner Vogel, ich lieb' ihn so sehr.

Das Lied der Lerche

Kleine Lerche,
bald singst du wieder
so süß und so rein
gleich zarten Glöckchen
im grünen Hain.

Ein weißes Boot
auf dem blauen Meer
es zieht in die Ferne;
im dunkel der Nacht'
unter goldenen Sternen.

Der Wind,
er treibt es voran,
dort hin, wo alles begann;
wo Lerchen singen,
so süß und so rein,
Kinder lachen im grünen Hain,
endlich zu Hause,
in meinem Heim.

Ein neuer Frühling,
um glücklich zu sein!

Erinnerungen eines Schatten......

(Schatten des Aristoteles)

Wir schreiben das Jahr 367 v. Chr.

Wie so oft schon zuvor lehnte ich an der kleinen Mauer auf dem Hügel und blickte hinab in den Ort. Viel war nicht zu erkennen, denn das flimmernde Licht der gleißenden Sonne lag über dem Tal.

Doch, ich wusste es, er wird kommen um wie alle Tage den Berg, der vor ihm lag, zu bewandern. Seinen wachen Augen entging nichts und täglich entdeckte er Neues.

Er, das war ein junger, schöner Mann; fast noch ein Knabe. Seine hohe Gestalt und seine kraftvolle Figur ließen ihn in seinem weißen Gewand, das nur mit einer Kordel gehalten wurde, göttlich erscheinen.

Ich wartete......

Das blinzeln in das Sonnenlicht ließen meine Augen ermüden, aber ich konnte nicht davon ablassen, denn keinesfalls durfte ich ihn verpassen. Der warme Wind umspielte mich sanft und ich spürte die aufkommende Erregung....gleich musste es so weit sein, dass er durch die Tür seines bescheidenen Häuschen trat.

Die Sonne stand fast schon im Zenit, eigentlich zu heiß, um nach draußen zu gehen.

Ich blinzelte weiter in die Richtung aus der er kommen musste. Jetzt, er trat aus der Tür. Sein weißes Gewand strahlte mit der Sonne um die Wette. Er blickte hinauf zu dem Berg und machte sich mit langsamen Schritten auf den Weg.

Nun war der Zeitpunkt gekommen ihm zu folgen. Er ahnte nichts von seinem ständigen Begleiter. Das war gut so, denn niemals sollte er von meiner Liebe zu ihm erfahren. Er wähnte sich allein, doch… ich war immer bei ihm.

Seine Füße, die in Sandalen steckten, setzten einen Schritt vor den anderen und ließen ihn nur Verweilen, wenn er meinte, etwas Neues, Unbekanntes entdeckt zu haben. Seine Wissbegierde war schier unendlich; so viel hatte er hier oben schon entdeckt. Die Flora und Faunes dieses Berges war einmalig und niemals zuvor wurde von jemandem alles so akribisch notiert.

Wie sollte er ahnen, dass alles, was er entdeckte und aufschrieb, bis heute seine Gültigkeit haben würde. Er konnte es nicht wissen, nicht einmal davon träumen.

Alles, was er bis zu seinem Tod entdeckt und notiert hatte, sollte ihn für die Nachwelt unsterblich machen.

Trotzt der Hitze verloren seine Schritte nicht an Leichtigkeit. In seinen schwarzen Locken glänzte der Schweiß wie frische Tauperlen und sein Gewand schmiegte sich fest um seinen schlanken Körper.

Ab und an ließ er sich im Schatten eines Baumes nieder um das Gesehene auf zu schreiben. Ich blieb dicht hinter ihm und beobachtete sein Tun. Der Geruch seines verschwitzten Körpers ließ mich erschauern.

Stumm und still blieb ich regungslos in seine Nähe. Wie konnte ich ahnen, dass auch ich einmal unsterblich werden würde.

Denn, wo er ist, da bin ich auch.......

Nur ein Traum

Es war nur ein Traum

den ich hab' geträumt

Musik erklang

der Geigen Gesang

so lieblich und leise

eine sanfte Weise

sie hob mich empor

zu den Wolken

hoch oben

ich schwebte dahin

auf den Flügeln des Sommerwind.

Spielt weiter

und hört niemals auf

Die Musik

so betörend und rein

hielt mich gefangen

hüllte mich ein.

Ich fühlte mich leicht

einer Feder gleich

umarmt

von der Geigen zarter Weise

so flog meine Seele

im Traum auf die Reise.

So süß auch mein Traum

er fand ein Ende

ich bin erwacht

in dunkler Nacht

Die Musik

spielt leise

eine traurige Weise.......

Wandel

Möwen kreischen in der Luft
sie atmen wie ich, des Herbstes Duft
auf Flügeln so leicht, sie fliegen dahin
getragen vom letzten Sommerwind.

Die Jahreszeit, sie steht im Wandel
für Mensch und Tier ein bitterer Handel
wenn Sonne und Mond sich geben die Hand
kommen Stürme und Kälte über das Land.

Doch trotzen werde ich den Gewalten
im kommenden Frühjahr mich neu entfalten
zur vollen Blüte ich dann erwach'
in einer mondhellen Sommernacht.

Der warme Wind, er küsst meine Haut
mein Geliebter, mir so vertraut
funkelnde Sterne schauen auf mich nieder
als ob sie sagten, alles kommt wieder.

Die Nacht voller Wunder, so zärtlich zugleich
ich fühle mich glücklich, wie auf Wolken so leicht......

Der Mimosenbaum

Die gelben Mimosen
längst sind sie verblüht
Zweige und Äste
so kahl und leer
wie oft saß ich dort
unter dem Mimosenbaum

Der Duft der Mimosen
betörend und süß
ich fühle noch heute
wie dein Mund mich geküsst

Im Sommer war es
zur schönsten Zeit
als die Mimosen blühten
und alles so leicht

Noch einmal tanzen im Sommerwind

Vorbei ist die Zeit
der gelben Mimosen
stürmische Winde
ich höre sie tosen
der Winter naht
und mit ihm die Zeit

der klirrenden Kälte
Schnee macht sich breit

Mich friert
in eisiger Winterzeit

wann wird es wieder Sommer sein

Ein Sommer so warm
und unvergessen
wie damals
als ich bei den Mimosen gesessen
deine Arme um mich
dein Mund der mich küsst

vergessen die Welt
unter dem Mimosembaum.

Summer love

In your eyes, longing for happiness,
how long has it been since you loved?
the summer so close and you are alone,
red poppy lights in the sunshine.

The heat of the wind, she envelops you,
tells of love, tells of red wine;
a mouth so close, ready to kiss,
only dreams .... your sweetheart is far.

You want to be happy this summer
love and laughing in the moonlight;
spending the nights in the warm sand
and dream with her, hand in hand.

Go your way and you will see
for lovers, miracles can happen.

Die Freiheit von dir zu träumen,
gibt mir die Freiheit dich zu lieben.

© Syna Ester

Sommerliebe

Deine Augen, voller Sehnsucht nach Glück,
wie lange ist es her, dass du hast geliebt;
der Sommer so nah und du bist allein,
roter Mohn leuchtet im Sonnenschein.

Die Wärme des Windes, sie hüllt dich ein,
erzählt von Liebe, von rotem Wein;
ein Mund so nah, zum küssen bereit,
nur Träume….die Liebste ist weit.

Diesen Sommer möchtest du glücklich sein,
lieben und lachen im Mondenschein;
die Nächte verbringen im warmen Sand
und träumen mit ihr, Hand in Hand.

Geh' deinen Weg und du wirst sehen,
für Liebende können Wunder geschehen.

Die Vielfalt der Farben in unserem blauen
Paradies ist unerschöpflich.
Doch, so lange uns die Liebe die Kraft gibt,
unser kleines Paradies immer wieder auf
das Neue in einem strahlenden Blau
leuchten zu lassen, so lange können wir
uns geborgen fühlen.
Wir lieben und werden geliebt.

Nicht alle Menschen haben das Glück von
einem blauen Paradies umarmt zu sein.

Die Liebe ist das kostbarste auf dieser Welt,
denn sie beginnt,
wenn die Einsamkeit des Einzelnen aufhört.

Menschen kommen in dein Leben....
sie kommen und gehen, das ist der Lauf
der Zeit.

...und doch, irgendwann ist ein Mensch
dabei, der bleibt.
Wie ein Blitz aus heiterem Himmel kam
dieser Mensch in dein Leben und stellte
alles auf den Kopf. Von Anfang an spürtest
du, dass dieser eine Mensch etwas
besonderes ist.
Ohne ihn weiter zu kennen, fühltest du die
Seelenverwandtschaft.
Ein tiefes Gefühl macht sich in dir breit.
Ein Gefühl von Wärme von Geborgenheit
und Vertrauen.

Es war so, als ob dieser Mensch schon
immer zu deinem Leben gehörte
...und doch, es begegneten sich zwei
Fremde.

Zwei Fremde, deren Herzen vom ersten
Moment im Gleichklang schlugen.
Doch jede Harmonie hat auch
Schattenseiten und es gibt Momente, in
denen du dich fragst, ob es wirklich so ist,
wie du denkst.
Du versuchst auf Distanz zu gehen, doch es
gelingt dir nicht.
Dein Herz spricht eine andere Sprache!

Von der ersten Sekunde an vermisst du,
was du versuchst, von dir zu schieben.
Dem Gleichklang der Seelen kann man
nicht entkommen; das Schicksal hat es dir
bestimmt.

Liebe und vertraue......

Ein kleines Büchlein,
mehr ist es nicht:
eine Geschichte,
ein Gedicht:
ein schönes Bild
ab und an,
ich wünsche mir nur
Du hattest Freude daran

...und immer ein blaues Paradies.

Syna Ester

„Für Dich von Herzen"

(c) Syna Ester